⑤

신명기상

평생에 자기 옆에 두고 읽어
그의 하나님 여호와 경외하기를 배우며
이 율법의 모든 말과 이 규례를
지켜 행할 것이라

신명기 17:19

KB203180

유슬북

구약성경 통독표

순번	성경 목록	장	절	평균통독 시간/분	순번	성경 목록	장	절	평균통독 시간/분
1	창세기	50	1,533	203	21	전도서	12	222	31
2	출애굽기	40	1,213	162	22	아가	8	117	16
3	레위기	27	859	115	23	이사야	66	1,292	206
4	민수기	36	1,287	165	24	예레미야	52	1,364	300
5	신명기	34	959	147	25	예레미야애가	5	154	20
6	여호수아	24	658	99	26	에스겔	48	1,273	201
7	사사기	21	618	103	27	다니엘	12	357	62
8	룻기	4	85	14	28	호세아	14	197	30
9	사무엘상	31	810	136	29	요엘	3	73	11
10	사무엘하	24	695	113	30	아모스	9	146	23
11	열왕기상	22	816	128	31	오바댜	1	21	4
12	열왕기하	25	719	121	32	요나	4	48	7
13	역대상	29	942	119	33	미가	7	105	17
14	역대하	36	822	138	34	나훔	3	47	8
15	에스라	10	280	42	35	하박국	3	56	9
16	느헤미야	13	406	61	36	스바냐	3	53	9
17	에스더	10	167	29	37	학개	2	38	6
18	욥기	42	1,070	115	38	스가랴	14	211	33
19	시편	150	2,461	275	39	말라기	4	55	11
20	잠언	31	915	92		합 계	929	23,144	3,381

신약성경 통독표

순번	성경 목록	장	절	평균통독 시간/분	순번	성경 목록	장	절	평균통독 시간/분
1	마태복음	28	1,071	130	15	디모데전서	6	113	14
2	마가복음	16	678	81	16	디모데후서	4	83	11
3	누가복음	24	1,151	138	17	디도서	3	46	6
4	요한복음	21	879	110	18	빌레몬서	1	25	2
5	사도행전	28	1,007	127	19	히브리서	13	303	41
6	로마서	16	433	58	20	야고보서	5	108	14
7	고린도전서	16	437	57	21	베드로전서	5	105	15
8	고린도후서	13	256	37	22	베드로후서	3	61	9
9	갈라디아서	6	149	19	23	요한1서	5	105	15
10	에베소서	6	155	18	24	요한2서	1	13	2
11	빌립보서	4	104	14	25	요한3서	1	15	2
12	골로새서	4	95	12	26	유다서	1	25	4
13	데살로니가전서	5	89	12	27	요한계시록	22	404	61
14	데살로니가후서	3	47	6		합 계	260	7,957	1,015

구약성경	39권	23,144절	1,006,953문자	352,319단어	평균 통독시간	56시간
신약성경	27권	7,957절	315,579문자	110,237단어	평균 통독시간	17시간

우리는 성경을 읽지만, 세상은 우리를 읽습니다!

성경은 세상의 모든 책을 담을 수 있는 가장 큰 그릇입니다.
성경 필사는 단순히 베끼어 쓰는 게 아니라, 눈으로 말씀을 읽고 손으로 쓰면서 머리로 생각하는 작업입니다.
눈과 손, 머리를 동시에 동원하므로 성경 필사는 오래전부터 그 효과가 입증된 글쓰기 훈련법입니다.
세계적으로 저명한 사람들은 필사의 경험 없는 사람이 없습니다.

손과 종이 위에 연필 끝이 만나는 순간 미묘한 시간차가 발생합니다. 필사가 제공하는 틈 그 순간에 머리는
가만히 있지 않습니다. 단어와 문장을 거슬러 올라가고 맥락을 헤아리고 성경 말씀을 되새김질 합니다.
또한 눈으로 읽을 때는 미처 보지 못한 내용을 필사 과정에서 발견하고 깨달을 수 있습니다.

성경 필사는 하나님 말씀이 생명력 있게 살아나게 하는 작업입니다. 하나님 말씀이 우리의 마음에 가득할 때,
하나님은 우리의 소원과 기도 제목을 들으시고 이루어 주실 것입니다. 성경의 진리를 오직 말씀과 성령의
조명으로 해석하여 교리를 세우고 모든 삶의 기준과 원칙으로 적용한 청교도처럼, 예수를
가장 잘 믿으며 가장 순수한 신앙으로 살아가는 "크리스천"이 되기를 소망합니다.

엮은이 김영기

우슬북 성경 쓰기 시리즈 특징 ·····

필사와 통독의 기쁨을 함께~!

볼펜, 만년필로 성경 쓰기 편한 고급 재질의 종이 사용

[우슬북 구약성경 쓰기 시리즈 ❺ 신명기상]
은 유성볼펜이나 만년필 사용에 적합하도
록 도톰하고 고급스런 광택이 나는 재질의
종이를 사용하였습니다.

성경 쓰기 편하도록 페이지가 180도 펼쳐지는 고급 제본

[우슬북 구약성경 쓰기 시리즈 ❺ 신명기상]
은 책을 펼친 중간 부분이 걸리지 않도록 페
이지가 완전히 펼쳐지는 180도 고급 제본을
사용하였습니다.

10여 년의 경험으로 성경 읽고 쓰기 편안한 글씨체 사용

[우슬북 구약성경 쓰기 시리즈 ❺ 신명기상]
은 통독을 겸한 필사가 가능하도록 읽고 쓰
면서 스트레스 받지 않는 글씨체를 10여 년
의 실패와 경험으로 선정, 사용하였습니다.

따라쓸 수 있는 한자 병기로 말씀 묵상의 극대화

[우슬북 구약성경 쓰기 시리즈 ❺ 신명기상]
은 긍정적이고 따라쓰기 쉬운 한자(漢字)
를 병기(倂記)하여 깊은 묵상을 극대화하였
습니다.

서론

1 ¹이는 모세가 요단 저쪽 숩 맞은편의 아라바 광야
곧 바란과 도벨과 라반과 하세롯과 디사합 사이에서
이스라엘 무리에게 선포한 말씀이니라

²호렙 산에서 세일 산을 지나 가데스 바네아까지
열 하룻길이었더라

³마흔째 해 열한째 달 그 달 첫째 날에 모세가
이스라엘 자손에게 여호와께서 그들을 위하여
자기에게 주신 명령을 다 알렸으니

⁴그 때는 모세가 헤스본에 거주하는 아모리 왕 시혼을
쳐죽이고 에드레이에서 아스다롯에 거주하는
바산 왕 옥을 쳐죽인 후라

⁵모세가 요단 저쪽 모압 땅에서 이 율법을 설명하기

시작하였더라 일렀으되

6 우리 하나님 여호와께서 호렙 산에서 우리에게 말씀하여
이르시기를 너희가 이 산에 거주한 지 오래니

7 방향을 돌려 행진하여 아모리 족속의 산지로 가고 그 근방
곳곳으로 가고 아라바와 산지와 평지와 네겝과 해변과
가나안 족속의 땅과 레바논과 큰 강 유브라데까지 가라

8 내가 너희의 조상 아브라함과 이삭과 야곱에게 맹세하여
그들과 그들의 후손에게 주리라 한 땅이 너희 앞에 있으니
들어가서 그 땅을 차지할지니라

모세가 수령을 세우다

9 그 때에 내가 너희에게 말하여 이르기를
나는 홀로 너희의 짐을 질 수 없도다

¹⁰너희의 하나님 여호와께서 너희를 번성하게 하셨으므로
너희가 오늘날 하늘의 별 같이 많거니와

¹¹너희 조상의 하나님 여호와께서 너희를 현재보다
천 배나 많게 하시며 너희에게 허락하신 것과 같이
너희에게 복 주시기를 원하노라

¹²그런즉 나 홀로 어찌 능히 너희의 괴로운 일과 너희의
힘겨운 일과 너희의 다투는 일을 담당할 수 있으랴

¹³너희의 각 지파에서 지혜와 지식이 있는 인정 받는 자들을
택하라 내가 그들을 세워 너희 수령을 삼으리라 한즉

¹⁴너희가 내게 대답하여 이르기를
당신의 말씀대로 하는 것이 좋다 하기에

¹⁵내가 너희 지파의 수령으로 지혜가 있고 인정 받는 자들을

취하여 너희의 수령을 삼되 곧 각 지파를 따라 천부장과
백부장과 오십부장과 십부장과 조장을 삼고

16내가 그 때에 너희의 재판장들에게 명하여 이르기를
너희가 너희의 형제 중에서 송사를 들을 때에

쌍방간에 공정히 판결할 것이며 그들 중에 있는
타국인에게도 그리 할 것이라

17재판은 하나님께 속한 것인즉 너희는 재판할 때에
외모를 보지 말고 귀천(貴賤)을 차별 없이 듣고

사람의 낯을 두려워하지 말 것이며 스스로 결단하기
어려운 일이 있거든 내게로 돌리라 내가 들으리라 하였고

18내가 너희의 행할 모든 일을 그 때에 너희에게
다 명령하였느니라

정탐할 사람을 보내다

19 우리 하나님 여호와께서 우리에게 명령하신 대로 우리가
호렙 산을 떠나 너희가 보았던 그 크고 두려운 광야를 지나

아모리 족속의 산지 길로 가데스 바네아에 이른 때에

20 내가 너희에게 이르기를 우리 하나님 여호와께서
우리에게 주신 아모리 족속의 산지에 너희가 이르렀나니

21 너희의 하나님 여호와께서 이 땅을 너희 앞에 두셨은즉
너희 조상의 하나님 여호와께서 너희에게 이르신 대로
올라가서 차지하라 두려워하지 말라 주저하지 말라 한즉

22 너희가 다 내 앞으로 나아와 말하기를 우리가
사람을 우리보다 먼저 보내어 우리를 위하여 그 땅을

정탐(偵探)하고 어느 길로 올라가야 할 것과 어느 성읍으로
들어가야 할 것을 우리에게 알리게 하자 하기에

²³내가 그 말을 좋게 여겨 너희 중 각 지파에서
한 사람씩 열둘을 택하매

²⁴그들이 돌이켜 산지에 올라 에스골 골짜기에 이르러
그 곳을 정탐하고

²⁵그 땅의 열매를 손에 가지고 우리에게로 돌아와서
우리에게 말하여 이르되 우리의 하나님 여호와께서
우리에게 주시는 땅이 좋더라 하였느니라

²⁶그러나 너희가 올라가기를 원하지 아니하고
너희의 하나님 여호와의 명령을 거역하여

²⁷장막 중에서 원망하여 이르기를 여호와께서 우리를
미워하시므로 아모리 족속의 손에 넘겨 멸하시려고
우리를 애굽 땅에서 인도하여 내셨도다

28 우리가 어디로 가랴 우리의 형제들이 우리를 낙심하게 하여
말하기를 그 백성은 우리보다 장대하며 그 성읍들은 크고

성곽은 하늘에 닿았으며 우리가 또 거기서
아낙 자손을 보았노라 하는도다 하기로

29 내가 너희에게 말하기를 그들을 무서워하지 말라
두려워하지 말라

30 너희보다 먼저 가시는 너희의 하나님 여호와께서 애굽에서
너희를 위하여 너희 목전에서 모든 일을 행하신 것 같이

이제도 너희를 위하여 싸우실 것이며

31 광야에서도 너희가 당하였거니와 사람이 자기의 아들을 안는
것 같이 너희의 하나님 여호와께서 너희가 걸어온 길에서
너희를 안으사 이 곳까지 이르게 하셨느니라 하나

³²이 일에 너희가 너희의 하나님 여호와를 믿지 아니하였도다

³³그는 너희보다 먼저 그 길을 가시며 장막 칠 곳을
찾으시고 밤에는 불로, 낮에는 구름으로
너희가 갈 길을 지시하신 자이시니라

여호와께서 이스라엘을 벌하시다

³⁴여호와께서 너희의 말소리를 들으시고 노하사
맹세하여 이르시되

³⁵이 악한 세대 사람들 중에는 내가 그들의 조상에게 주기로
맹세한 좋은 땅을 볼 자가 하나도 없으리라

³⁶오직 여분네의 아들 갈렙은 온전히 여호와께 순종하였은즉
그는 그것을 볼 것이요 그가 밟은 땅을 내가
그와 그의 자손에게 주리라 하시고

37 여호와께서 너희 때문에 내게도 진노하사 이르시되
너도 그리로 들어가지 못하리라

38 네 앞에 서 있는 눈의 아들 여호수아는 그리로
들어갈 것이니 너는 그를 담대하게 하라

그가 이스라엘에게 그 땅을 기업으로 차지하게 하리라

39 또 너희가 사로잡히리라 하던 너희의 아이들과 당시에
선악을 분별하지 못하던 너희의 자녀들도 그리로 들어갈 것
이라 내가 그 땅을 그들에게 주어 산업이 되게 하리라

40 너희는 방향을 돌려 홍해 길을 따라
광야로 들어갈지니라 하시매

41 너희가 대답하여 내게 이르기를 우리가 여호와께
범죄하였사오니 우리 하나님께서 우리에게 명령하신 대로

우리가 올라가서 싸우리이다 하고 너희가 각각
무기를 가지고 경솔히 산지로 올라가려 할 때에

42 여호와께서 내게 이르시되 너는 그들에게 이르기를
너희는 올라가지 말라 싸우지도 말라 내가 너희 중에 있지
아니하니 너희가 대적에게 패할까 하노라 하시기로

43 내가 너희에게 말하였으나 너희가 듣지 아니하고
여호와의 명령을 거역하고 거리낌 없이 산지로 올라가매

44 그 산지에 거주하는 아모리 족속이 너희에게 마주 나와
벌 떼 같이 너희를 쫓아 세일 산에서 쳐서
호르마까지 이른지라

45 너희가 돌아와 여호와 앞에서 통곡하나
여호와께서 너희의 소리를 듣지 아니하시며

너희에게 귀를 기울이지 아니하셨으므로

⁴⁶ 너희가 가데스에 여러 날 동안 머물렀나니 곧
너희가 그 곳에 머물던 날 수대로니라

이스라엘이 광야에서 보낸 해

2 ¹ 우리가 방향(方向)을 돌려 여호와께서 내게
명령하신 대로 홍해 길로 광야에 들어가서
여러 날 동안 세일 산을 두루 다녔더니

² 여호와께서 내게 말씀하여 이르시되

³ 너희가 이 산을 두루 다닌 지 오래니
돌이켜 북으로 나아가라

⁴ 너는 또 백성에게 명령하여 이르기를 너희는 세일에 거주
하는 너희 동족 에서의 자손이 사는 지역으로 지날진대

그들이 너희를 두려워하리니 너희는 스스로 깊이 삼가고

5 그들과 다투지 말라 그들의 땅은 한 발자국도
너희에게 주지 아니하리니 이는 내가
세일 산을 에서에게 기업으로 주었음이라

6 너희는 돈으로 그들에게서 양식을 사서 먹고
돈으로 그들에게서 물을 사서 마시라

7 네 하나님 여호와께서 네가 하는 모든 일에
네게 복을 주시고 네가 이 큰 광야에 두루 다님을 알고

네 하나님 여호와께서 이 사십 년 동안을 너와 함께
하셨으므로 네게 부족함이 없었느니라 하시기로

8 우리가 세일 산에 거주하는 우리 동족 에서의 자손을
떠나서 아라바를 지나며 엘랏과 에시온 게벨 곁으로 지나

행진하고 돌이켜 모압 광야 길로 지날 때에

9 여호와께서 내게 이르시되 모압을 괴롭히지 말라
그와 싸우지도 말라 그 땅을 내가 네게 기업으로

주지 아니하리니 이는 내가 롯 자손에게
아르를 기업으로 주었음이라

10 (이전에는 에밈 사람이 거기 거주하였는데 아낙 족속 같이
강하고 많고 키가 크므로

11 그들을 아낙 족속과 같이 르바임이라 불렀으나
모압 사람은 그들을 에밈이라 불렀으며

12 호리 사람도 세일에 거주하였는데 에서의 자손이 그들을
멸하고 그 땅에 거주하였으니 이스라엘이 여호와께서 주신
기업의 땅에서 행한 것과 같았느니라)

¹³이제 너희는 일어나서 세렛 시내를 건너가라 하시기로
우리가 세렛 시내를 건넜으니

¹⁴가데스 바네아에서 떠나 세렛 시내를 건너기까지 삼십팔 년
동안이라 이 때에는 그 시대의 모든 군인들이 여호와께서
그들에게 맹세하신 대로 진영 중에서 다 멸망하였나니

¹⁵여호와께서 손으로 그들을 치사 진영 중에서 멸하신 고로
마침내는 다 멸망되었느니라

¹⁶모든 군인이 사망하여 백성 중에서 멸망한 후에

¹⁷여호와께서 내게 말씀하여 이르시되

¹⁸네가 오늘 모압 변경 아르를 지나리니

¹⁹암몬 족속에게 가까이 이르거든 그들을 괴롭히지 말고
그들과 다투지도 말라 암몬 족속의 땅은

내가 네게 기업으로 주지 아니하리니 이는 내가
그것을 롯 자손에게 기업으로 주었음이라

20 (이곳도 르바임의 땅이라 하였나니 전에 르바임이 거기 거주
하였음이요 암몬 족속은 그들을 삼숨밈이라 일컬었으며

21 그 백성은 아낙 족속과 같이 강하고 많고 키가 컸으나
여호와께서 암몬 족속 앞에서 그들을 멸하셨으므로
암몬 족속이 대신하여 그 땅에 거주하였으니

22 마치 세일에 거주한 에서 자손 앞에 호리 사람을
멸하심과 같으니 그들이 호리 사람을 쫓아내고 대신하여
오늘까지 거기에 거주하였으며

23 또 갑돌에서 나온 갑돌 사람이 가사까지
각 촌에 거주하는 아위 사람을 멸하고

그들을 대신하여 거기에 거주하였느니라)

²⁴너희는 일어나 행진하여 아르논 골짜기를 건너라
내가 헤스본 왕 아모리 사람 시혼과 그의 땅을 네 손에
넘겼은즉 이제 더불어 싸워서 그 땅을 차지하라

²⁵오늘부터 내가 천하 만민이 너를 무서워하며 너를
두려워하게 하리니 그들이 네 명성을 듣고 떨며
너로 말미암아 근심하리라 하셨느니라

이스라엘이 헤스본 왕 시혼을 치다

²⁶내가 그데못 광야에서 헤스본 왕 시혼에게 사자를 보내어
평화의 말로 이르기를

²⁷나를 네 땅으로 통과(通過)하게 하라
내가 큰길로만 행하고 좌로나 우로나 치우치지 아니하리라

28너는 돈을 받고 양식을 팔아 내가 먹게 하고 돈을 받고
물을 주어 내가 마시게 하라 나는 걸어서 지날 뿐인즉

29세일에 거주하는 에서 자손과 아르에 거주하는
모압 사람이 내게 행한 것 같이 하라

그리하면 내가 요단을 건너서 우리 하나님 여호와께서
우리에게 주시는 땅에 이르리라 하였으나

30헤스본 왕 시혼이 우리가 통과하기를 허락하지 아니하였으니
이는 네 하나님 여호와께서 그를 네 손에 넘기시려고

그의 성품을 완강하게 하셨고 그의 마음을
완고하게 하셨음이 오늘날과 같으니라

31그 때에 여호와께서 내게 이르시되 내가 이제 시혼과
그의 땅을 네게 넘기노니 너는 이제부터

그의 땅을 차지하여 기업으로 삼으라 하시더니

32 시혼이 그의 모든 백성을 거느리고 나와서
우리를 대적하여 야하스에서 싸울 때에

33 우리 하나님 여호와께서 그를 우리에게 넘기시매
우리가 그와 그의 아들들과 그의 모든 백성을 쳤고

34 그 때에 우리가 그의 모든 성읍을 점령하고
그의 각 성읍을 그 남녀와 유아와 함께
하나도 남기지 아니하고 진멸하였고

35 다만 그 가축과 성읍에서 탈취한 것은
우리의 소유로 삼았으며

36 우리 하나님 여호와께서 그 모든 땅을 우리에게
넘겨주심으로 아르논 골짜기 가장자리에 있는 아로엘과

골짜기 가운데에 있는 성읍으로부터 길르앗까지 우리가
모든 높은 성읍을 점령하지 못한 것이 하나도 없었으나

37 오직 암몬 족속의 땅 얍복 강 가와 산지에 있는 성읍들과
우리 하나님 여호와께서 우리가 가기를 금하신 모든 곳은
네가 가까이 하지 못하였느니라

이스라엘이 바산 왕 옥을 치다

3 1 우리가 돌이켜 바산으로 올라가매 바산 왕 옥이
그의 모든 백성을 거느리고 나와서 우리를 대적하여
에드레이에서 싸우고자 하는지라

2 여호와께서 내게 이르시되 그를 두려워하지 말라
내가 그와 그의 모든 백성과 그의 땅을 네 손에 넘겼으니

네가 헤스본에 거주하던 아모리 족속의 왕 시혼에게

행한 것과 같이 그에게도 행할 것이니라 하시고

3 우리 하나님 여호와께서 바산 왕 옥과 그의 모든 백성을 우리 손에 넘기시매 우리가 그들을 쳐서 한 사람도 남기지 아니하였느니라

4 그 때에 우리가 그들에게서 빼앗지 아니한 성읍이 하나도 없이 다 빼앗았는데 그 성읍이 육십이니 곧 아르곱 온 지방이요 바산에 있는 옥의 나라이니라

5 그 모든 성읍이 높은 성벽으로 둘려 있고 문과 빗장이 있어 견고하며 그 외에 성벽 없는 고을이 심히 많았느니라

6 우리가 헤스본 왕 시혼에게 행한 것과 같이 그 성읍들을 멸망시키되 각 성읍의 남녀와 유아를 멸망시켰으나

7 다만 모든 가축과 그 성읍들에서 탈취한 것은

우리의 소유로 삼았으며

8 그 때에 우리가 요단 강 이쪽 땅을 아르논 골짜기에서부터
헤르몬 산에까지 아모리 족속의 두 왕에게서 빼앗았으니

9 (헤르몬 산을 시돈 사람은 시룐이라 부르고
아모리 족속은 스닐이라 불렀느니라)

10 우리가 빼앗은 것은 평원의 모든 성읍과 길르앗 온 땅과
바산의 온 땅 곧 옥의 나라 바산의 성읍 살르가와
에드레이까지이니라

11 (르바임 족속의 남은 자는 바산 왕 옥뿐이었으며
그의 침상은 철 침상이라 아직도 암몬 족속의 랍바에 있지

아니하냐 그것을 사람의 보통 규빗으로 재면 그 길이가
아홉 규빗이요 너비가 네 규빗이니라)

요단 강 동쪽에 자리잡은 지파들

¹²그 때에 우리가 이 땅을 얻으매 아르논 골짜기 곁의
아로엘에서부터 길르앗 산지 절반과 그 성읍들을
내가 르우벤 자손과 갓 자손에게 주었고

¹³길르앗의 남은 땅과 옥의 나라였던 아르곱 온 지방 곧
온 바산으로는 내가 므낫세 반 지파에게 주었노라
(바산을 옛적에는 르바임의 땅이라 부르더니

¹⁴므낫세의 아들 야일이 그술 족속과 마아갓 족속의
경계까지의 아르곱 온 지방을 점령하고 자기의 이름으로
이 바산을 오늘날까지 하봇야일이라 불러오느니라)

¹⁵내가 마길에게 길르앗을 주었고

¹⁶르우벤 자손과 갓 자손에게는 길르앗에서부터 아르논
골짜기까지 주었으되 그 골짜기의 중앙으로 지역을

정하였으니 곧 암몬 자손의 지역 얍복 강까지며

¹⁷또는 아라바와 요단과 그 지역이요 긴네렛에서 아라바 바다
곧 염해와 비스가 산기슭에 이르기까지의 동쪽 지역이니라

¹⁸그 때에 내가 너희에게 명령하여 이르기를 너희의
하나님 여호와께서 이 땅을 너희에게 주어 기업이 되게

하셨은즉 너희의 군인들은 무장하고 너희의 형제
이스라엘 자손의 선봉이 되어 건너가되

¹⁹너희에게 가축이 많은 줄 내가 아노니 너희의 처자와
가축은 내가 너희에게 준 성읍에 머무르게 하라

²⁰여호와께서 너희에게 주신 것 같이 너희의 형제에게도
안식(安息)을 주시리니 그들도 요단 저쪽에서

너희의 하나님 여호와께서 그들에게 주시는 땅을 받아

기업을 삼기에 이르거든 너희는 각기
내가 준 기업으로 돌아갈 것이니라 하고

²¹그 때에 내가 여호수아에게 명령하여 이르기를
너희의 하나님 여호와께서 이 두 왕에게 행하신 모든 일을

네 눈으로 보았거니와 네가 가는 모든 나라에도
여호와께서 이와 같이 행하시리니

²²너희는 그들을 두려워하지 말라 너희의 하나님 여호와께서
친히 너희를 위하여 싸우시리라 하였노라

모세가 요단을 건너지 못하다

²³그 때에 내가 여호와께 간구하기를

²⁴주 여호와여 주께서 주의 크심과 주의 권능을 주의
종에게 나타내시기를 시작하셨사오니 천지간에 어떤 신이

능히 주께서 행하신 일 곧 주의 큰 능력으로
행하신 일 같이 행할 수 있으리이까

25 구하옵나니 나를 건너가게 하사 요단 저쪽에 있는
아름다운 땅, 아름다운 산과 레바논을 보게 하옵소서 하되

26 여호와께서 너희 때문에 내게 진노하사 내 말을 듣지
아니하시고 내게 이르시기를 그만해도 족하니
이 일로 다시 내게 말하지 말라

27 너는 비스가 산 꼭대기에 올라가서 눈을 들어
동서남북을 바라고 네 눈으로 그 땅을 바라보라
너는 이 요단을 건너지 못할 것임이니라

28 너는 여호수아에게 명령하고 그를 담대하게 하며 그를
강하게 하라 그는 이 백성을 거느리고 건너가서

네가 볼 땅을 그들이 기업으로 얻게 하리라 하셨느니라

²⁹그 때에 우리가 벳브올 맞은편 골짜기에 거주하였느니라

지켜야 할 하나님의 규례들

4 ¹이스라엘아 이제 내가 너희에게 가르치는 규례와
법도(法度)를 듣고 준행하라 그리하면 너희가

살 것이요 너희 조상의 하나님 여호와께서 너희에게 주시는
땅에 들어가서 그것을 얻게 되리라

²내가 너희에게 명령하는 말을 너희는 가감(加減)하지 말고
내가 너희에게 내리는 너희 하나님 여호와의 명령을 지키라

³여호와께서 바알브올의 일로 말미암아 행하신 바를
너희가 눈으로 보았거니와 바알브올을 따른 모든 사람을
너희의 하나님 여호와께서 너희 가운데에서 멸망시키셨으되

4 오직 너희의 하나님 여호와께 붙어 떠나지 않은 너희는
  오늘까지 다 생존하였느니라

5 내가 나의 하나님 여호와께서 명령하신 대로 규례와 법도를
  너희에게 가르쳤나니 이는 너희가 들어가서 기업으로
  차지할 땅에서 그대로 행하게 하려 함인즉

6 너희는 지켜 행하라 이것이 여러 민족 앞에서 너희의
  지혜요 너희의 지식이라 그들이 이 모든 규례를 듣고

  이르기를 이 큰 나라 사람은 과연
  지혜와 지식이 있는 백성이로다 하리라

7 우리 하나님 여호와께서 우리가 그에게 기도할 때마다
  우리에게 가까이 하심과 같이 그 신이 가까이 함을
  얻은 큰 나라가 어디 있느냐

8 오늘 내가 너희에게 선포하는 이 율법과 같이
그 규례와 법도가 공의로운 큰 나라가 어디 있느냐

9 오직 너는 스스로 삼가며 네 마음을 힘써 지키라 그리하여
네가 눈으로 본 그 일을 잊어버리지 말라 네가 생존하는

날 동안에 그 일들이 네 마음에서 떠나지 않도록 조심하라
너는 그 일들을 네 아들들과 네 손자들에게 알게 하라

10 네가 호렙 산에서 네 하나님 여호와 앞에 섰던 날에
여호와께서 내게 이르시기를 나에게 백성을 모으라
내가 그들에게 내 말을 들려주어 그들이

세상에 사는 날 동안 나를 경외(敬畏)함을 배우게 하며
그 자녀에게 가르치게 하리라 하시매

11 너희가 가까이 나아와서 산 아래에 서니 그 산에 불이

붙어 불길이 충천하고 어둠과 구름과 흑암이 덮였는데

¹²여호와께서 불길 중에서 너희에게 말씀하시되 음성뿐이므로
너희가 그 말소리만 듣고 형상은 보지 못하였느니라

¹³여호와께서 그의 언약을 너희에게 반포하시고
너희에게 지키라 명령하셨으니 곧 십계명이며
두 돌판에 친히 쓰신 것이라

¹⁴그 때에 여호와께서 내게 명령하사 너희에게
규례와 법도를 교훈하게 하셨나니 이는 너희가 거기로
건너가 받을 땅에서 행하게 하려 하심이니라

우상을 만들어 섬기지 말라

¹⁵여호와께서 호렙 산 불길 중에서 너희에게 말씀하시던 날에
너희가 어떤 형상도 보지 못하였은즉 너희는 깊이 삼가라

¹⁶그리하여 스스로 부패하여 자기를 위해
어떤 형상대로든지 우상을 새겨 만들지 말라
남자의 형상이든지, 여자의 형상이든지,

¹⁷땅 위에 있는 어떤 짐승의 형상이든지,
하늘을 나는 날개 가진 어떤 새의 형상이든지,

¹⁸땅 위에 기는 어떤 곤충의 형상이든지, 땅 아래 물 속에
있는 어떤 어족(魚族)의 형상이든지 만들지 말라

¹⁹또 그리하여 네가 하늘을 향하여 눈을 들어 해와 달과
별들, 하늘 위의 모든 천체 곧 너희의 하나님 여호와께서

천하 만민을 위하여 배정하신 것을 보고 미혹하여
그것에 경배하며 섬기지 말라

²⁰여호와께서 너희를 택하시고 너희를 쇠 풀무불 곧

애굽에서 인도하여 내사 자기 기업의 백성을
삼으신 것이 오늘과 같아도

21 여호와께서 너희로 말미암아 내게 진노하사 내게 요단을
건너지 못하며 네 하나님 여호와께서 네게 기업으로 주신
그 아름다운 땅에 들어가지 못하게 하리라고 맹세하셨은즉

22 나는 이 땅에서 죽고 요단을 건너지 못하려니와
너희는 건너가서 그 아름다운 땅을 얻으리니

23 너희는 스스로 삼가 너희의 하나님 여호와께서 너희와
세우신 언약을 잊지 말고 네 하나님 여호와께서 금하신
어떤 형상의 우상도 조각하지 말라

24 네 하나님 여호와는 소멸하는 불이시요
질투하시는 하나님이시니라

²⁵네가 그 땅에서 아들을 낳고 손자를 얻으며 오래 살 때에
만일 스스로 부패하여 무슨 형상의 우상이든지 조각하여

네 하나님 여호와 앞에 악을 행함으로 그의 노를 일으키면

²⁶내가 오늘 천지를 불러 증거를 삼노니 너희가 요단을
건너가서 얻는 땅에서 속히 망할 것이라

너희가 거기서 너희의 날이 길지 못하고 전멸될 것이니라

²⁷여호와께서 너희를 여러 민족 중에 흩으실 것이요
여호와께서 너희를 쫓아 보내실 그 여러 민족 중에
너희의 남은 수가 많지 못할 것이며

²⁸너희는 거기서 사람의 손으로 만든 바 보지도 못하며
듣지도 못하며 먹지도 못하며 냄새도 맡지 못하는
목석의 신들을 섬기리라

²⁹그러나 네가 거기서 네 하나님 여호와를 찾게 되리니
만일 마음을 다하고 뜻을 다하여 그를 찾으면 만나리라

³⁰이 모든 일이 네게 임하여 환난을 당하다가 끝날에 네가
네 하나님 여호와께로 돌아와서 그의 말씀을 청종하리니

³¹네 하나님 여호와는 자비하신 하나님이심이라
그가 너를 버리지 아니하시며 너를 멸하지 아니하시며
네 조상들에게 맹세하신 언약을 잊지 아니하시리라

³²네가 있기 전 하나님이 사람을 세상에 창조하신 날부터
지금까지 지나간 날을 상고(詳考)하여 보라

하늘 이 끝에서 저 끝까지 이런 큰 일이 있었느냐
이런 일을 들은 적이 있었느냐

³³어떤 국민이 불 가운데에서 말씀하시는 하나님의 음성을

너처럼 듣고 생존하였느냐

34 어떤 신이 와서 시험과 이적과 기사와 전쟁과
강한 손과 편 팔과 크게 두려운 일로

한 민족을 다른 민족에게서 인도하여 낸 일이 있느냐

이는 다 너희의 하나님 여호와께서 애굽에서
너희를 위하여 너희의 목전에서 행하신 일이라

35 이것을 네게 나타내심은 여호와는 하나님이시요 그 외에는
다른 신이 없음을 네게 알게 하려 하심이니라

36 여호와께서 너를 교훈하시려고 하늘에서부터 그의 음성을
네게 듣게 하시며 땅에서는 그의 큰 불을 네게 보이시고
네가 불 가운데서 나오는 그의 말씀을 듣게 하셨느니라

37 여호와께서 네 조상들을 사랑하신 고로 그 후손인

너를 택하시고 큰 권능으로 친히 인도하여
애굽에서 나오게 하시며

38 너보다 강대한 여러 민족을 네 앞에서 쫓아내고
너를 그들의 땅으로 인도하여 들여서 그것을 네게
기업으로 주려 하심이 오늘과 같으니라

39 그런즉 너는 오늘 위로 하늘에나 아래로 땅에 오직
여호와는 하나님이시요 다른 신이 없는 줄을 알아 명심하고

40 오늘 내가 네게 명령하는 여호와의 규례(規例)와
명령(命令)을 지키라 너와 네 후손이 복을 받아 네 하나님
여호와께서 네게 주시는 땅에서 한 없이 오래 살리라

요단 강 동쪽의 도피성

41 그 때에 모세가 요단 이쪽 해 돋는 쪽에서

세 성읍을 구별하였으니

⁴²이는 과거에 원한이 없이 부지중에 살인한 자가 그 곳으로 도피하게 하기 위함이며 그 중 한 성읍으로 도피한 자가 그의 생명을 보전하게 하기 위함이라

⁴³하나는 광야 평원에 있는 베셀이라 르우벤 지파를 위한 것이요 하나는 길르앗 라못이라 갓 지파를 위한 것이요

하나는 바산 골란이라 므낫세 지파를 위한 것이었더라

모세가 선포한 율법

⁴⁴모세가 이스라엘 자손에게 선포한 율법은 이러하니라

⁴⁵이스라엘 자손이 애굽에서 나온 후에 모세가 증언과 규례와 법도를 선포하였으니

⁴⁶요단 동쪽 벳브올 맞은편 골짜기에서 그리하였더라

이 땅은 헤스본에 사는 아모리 족속의 왕 시혼에게
속하였더니 모세와 이스라엘 자손이 애굽에서
나온 후에 그를 쳐서 멸하고

⁴⁷그 땅을 기업으로 얻었고 또 바산 왕 옥의 땅을
얻었으니 그 두 사람은 아모리 족속의 왕으로서
요단 이쪽 해 돋는 쪽에 살았으며

⁴⁸그 얻은 땅은 아르논 골짜기 가장자리의 아로엘에서부터
시온 산 곧 헤르몬 산까지요

⁴⁹요단 이쪽 곧 그 동쪽 온 아라바니 비스가 기슭 아래
아라바의 바다까지이니라

십계명

5 ¹모세가 온 이스라엘을 불러 그들에게 이르되

이스라엘아 오늘 내가 너희의 귀에 말하는 규례와
법도(法度)를 듣고 그것을 배우며 지켜 행하라

2 우리 하나님 여호와께서 호렙 산에서 우리와
언약을 세우셨나니

3 이 언약은 여호와께서 우리 조상들과 세우신 것이 아니요
오늘 여기 살아 있는 우리 곧 우리와 세우신 것이라

4 여호와께서 산 위 불 가운데에서 너희와 대면하여 말씀하시매

5 그 때에 너희가 불을 두려워하여 산에 오르지 못하므로
내가 여호와와 너희 중간에 서서 여호와의 말씀을
너희에게 전하였노라 여호와께서 이르시되

6 나는 너를 애굽 땅, 종 되었던 집에서 인도하여 낸
네 하나님 여호와라

7 나 외에는 다른 신들을 네게 두지 말지니라

8 너는 자기를 위하여 새긴 우상을 만들지 말고 위로
하늘에 있는 것이나 아래로 땅에 있는 것이나

땅밑 물 속에 있는 것의 어떤 형상도 만들지 말며

9 그것들에게 절하지 말며 그것들을 섬기지 말라
나 네 하나님 여호와는 질투하는 하나님인즉

나를 미워하는 자의 죄를 갚되 아버지로부터 아들에게로
삼사 대까지 이르게 하거니와

10 나를 사랑하고 내 계명을 지키는 자에게는
천 대까지 은혜를 베푸느니라

11 너는 네 하나님 여호와의 이름을 망령되이 일컫지 말라
나 여호와는 내 이름을 망령되이 일컫는 자를

죄 없는 줄로 인정하지 아니하리라

¹²네 하나님 여호와가 네게 명령한 대로
안식일(安息日)을 지켜 거룩하게 하라

¹³엿새 동안은 힘써 네 모든 일을 행할 것이나

¹⁴일곱째 날은 네 하나님 여호와의 안식일인즉
너나 네 아들이나 네 딸이나 네 남종이나 네 여종이나
네 소나 네 나귀나 네 모든 가축이나 네 문 안에

유(留)하는 객이라도 아무 일도 하지 못하게 하고
네 남종이나 네 여종에게 너 같이 안식하게 할지니라

¹⁵너는 기억하라 네가 애굽 땅에서 종이 되었더니
네 하나님 여호와가 강한 손과 편 팔로 거기서 너를
인도하여 내었나니 그러므로 네 하나님 여호와가

네게 명령하여 안식일을 지키라 하느니라

¹⁶너는 네 하나님 여호와께서 명령한 대로 네 부모를
공경하라 그리하면 네 하나님 여호와가 네게 준 땅에서
네 생명이 길고 복을 누리리라

¹⁷살인하지 말지니라

¹⁸간음하지 말지니라

¹⁹도둑질 하지 말지니라

²⁰네 이웃에 대하여 거짓 증거하지 말지니라

²¹네 이웃의 아내를 탐내지 말지니라 네 이웃의 집이나
그의 밭이나 그의 남종이나 그의 여종이나 그의 소나
그의 나귀나 네 이웃의 모든 소유를 탐내지 말지니라

여호와의 음성 듣기를 두려워하다

²²여호와께서 이 모든 말씀을 산 위 불 가운데,
구름 가운데, 흑암 가운데에서 큰 음성으로 너희 총회에

이르신 후에 더 말씀하지 아니하시고 그것을
두 돌판에 써서 내게 주셨느니라

²³산이 불에 타며 캄캄한 가운데에서 나오는 그 소리를
너희가 듣고 너희 지파의 수령과 장로들이 내게 나아와

²⁴말하되 우리 하나님 여호와께서 그의 영광과 위엄을
우리에게 보이시매 불 가운데에서 나오는 음성을

우리가 들었고 하나님이 사람과 말씀하시되
그 사람이 생존하는 것을 오늘 우리가 보았나이다

²⁵이제 우리가 죽을 까닭이 무엇이니이까
이 큰 불이 우리를 삼킬 것이요 만일 우리가

우리 하나님 여호와의 음성을 다시 들으면 죽을 것이라

26 육신을 가진 자로서 우리처럼 살아 계시는 하나님의 음성이
불 가운데에서 발함을 듣고 생존한 자가 누구니이까

27 당신은 가까이 나아가서 우리 하나님 여호와께서 하시는
말씀을 다 듣고 우리 하나님 여호와께서

당신에게 이르시는 것을 다 우리에게 전하소서
우리가 듣고 행하겠나이다 하였느니라

28 여호와께서 너희가 내게 말할 때에 너희가 말하는 소리를
들으신지라 여호와께서 내게 이르시되 이 백성이 네게
말하는 그 말소리를 내가 들은즉 그 말이 다 옳도다

29 다만 그들이 항상 이같은 마음을 품어 나를 경외하며
내 모든 명령을 지켜서 그들과 그 자손이

영원히 복 받기를 원하노라

³⁰가서 그들에게 각기 장막으로 돌아가라 이르고

³¹너는 여기 내 곁에 서 있으라 내가 모든 명령과 규례와
법도를 네게 이르리니 너는 그것을 그들에게 가르쳐서

내가 그들에게 기업으로 주는 땅에서 그들에게
이것을 행하게 하라 하셨나니

³²그런즉 너희 하나님 여호와께서 너희에게 명령하신 대로
너희는 삼가 행하여 좌로나 우로나 치우치지 말고

³³너희 하나님 여호와께서 너희에게 명령하신 모든 도를
행하라 그리하면 너희가 살 것이요 복(福)이 너희에게 있을
것이며 너희가 차지한 땅에서 너희의 날이 길리라

여호와의 명령과 규례와 법도

6

1 이는 곧 너희의 하나님 여호와께서 너희에게
가르치라고 명하신 명령과 규례와 법도라
너희가 건너가서 차지할 땅에서 행할 것이니

2 곧 너와 네 아들과 네 손자들이 평생에
네 하나님 여호와를 경외(敬畏)하며 내가 너희에게 명한

그 모든 규례와 명령을 지키게 하기 위한 것이며
또 네 날을 장구하게 하기 위한 것이라

3 이스라엘아 듣고 삼가 그것을 행하라 그리하면 네가 복을
받고 네 조상들의 하나님 여호와께서 네게 허락하심 같이

젖과 꿀이 흐르는 땅에서 네가 크게 번성하리라

4 이스라엘아 들으라 우리 하나님 여호와는 오직
유일한 여호와이시니

⁵ 너는 마음을 다하고 뜻을 다하고 힘을 다하여
네 하나님 여호와를 사랑하라

⁶ 오늘 내가 네게 명하는 이 말씀을 너는 마음에 새기고

⁷ 네 자녀에게 부지런히 가르치며 집에 앉았을 때에든지
길을 갈 때에든지 누워 있을 때에든지 일어날 때에든지
이 말씀을 강론할 것이며

⁸ 너는 또 그것을 네 손목에 매어 기호를 삼으며
네 미간에 붙여 표로 삼고

⁹ 또 네 집 문설주와 바깥 문에 기록할지니라

불순종에 대한 경고

¹⁰ 네 하나님 여호와께서 네 조상 아브라함과 이삭과 야곱을
향하여 네게 주리라 맹세하신 땅으로 너를 들어가게 하시고

네가 건축하지 아니한 크고 아름다운 성읍을 얻게 하시며

11네가 채우지 아니한 아름다운 물건이 가득한 집을 얻게
하시며 네가 파지 아니한 우물을 차지하게 하시며

네가 심지 아니한 포도원과 감람나무를 차지하게 하사
네게 배불리 먹게 하실 때에

12너는 조심하여 너를 애굽 땅 종 되었던 집에서
인도하여 내신 여호와를 잊지 말고

13네 하나님 여호와를 경외하며 그를 섬기며
그의 이름으로 맹세할 것이니라

14너희는 다른 신들 곧 네 사면에 있는
백성의 신들을 따르지 말라

15너희 중에 계신 너희의 하나님 여호와는 질투하시는

하나님이신즉 너희의 하나님 여호와께서 네게 진노하사
너를 지면에서 멸절시키실까 두려워하노라

16 너희가 맛사에서 시험한 것 같이
너희의 하나님 여호와를 시험하지 말고

17 너희의 하나님 여호와께서 너희에게 명하신
명령과 증거와 규례를 삼가 지키며

18-19 여호와께서 보시기에 정직하고 선량한 일을 행하라
그리하면 네가 복을 받고 그 땅에 들어가서

여호와께서 모든 대적을 네 앞에서 쫓아내시겠다고

네 조상들에게 맹세하신 아름다운 땅을 차지하리니
여호와의 말씀과 같으니라

20 후일에 네 아들이 네게 묻기를 우리 하나님 여호와께서

명령하신 증거와 규례와 법도가 무슨 뜻이냐 하거든

21 너는 네 아들에게 이르기를 우리가 옛적에 애굽에서
바로의 종이 되었더니 여호와께서 권능의 손으로
우리를 애굽에서 인도하여 내셨나니

22 곧 여호와께서 우리의 목전에서 크고 두려운 이적과 기사를
애굽과 바로와 그의 온 집에 베푸시고

23 우리 조상들에게 맹세하신 땅을 우리에게 주어 들어가게
하시려고 우리를 거기서 인도하여 내시고

24 여호와께서 우리에게 이 모든 규례를 지키라 명령하셨으니
이는 우리가 우리 하나님 여호와를 경외하여 항상 복을

누리게 하기 위하심이며 또 여호와께서 우리를
오늘과 같이 살게 하려 하심이라

²⁵우리가 그 명령하신 대로 이 모든 명령을
우리 하나님 여호와 앞에서 삼가 지키면 그것이 곧
우리의 의로움이니라 할지니라

여호와께서 택하신 민족

7 ¹네 하나님 여호와께서 너를 인도하사 네가 가서

차지할 땅으로 들이시고 네 앞에서 여러 민족 헷 족속과
기르가스 족속과 아모리 족속과 가나안 족속과

브리스 족속과 히위 족속과 여부스 족속 곧
너보다 많고 힘이 센 일곱 족속을 쫓아내실 때에

²네 하나님 여호와께서 그들을 네게 넘겨 네게 치게
하시리니 그 때에 너는 그들을 진멸할 것이라 그들과 어떤
언약도 하지 말 것이요 그들을 불쌍히 여기지도 말 것이며

3 또 그들과 혼인하지도 말지니 네 딸을 그들의 아들에게
주지 말 것이요 그들의 딸도 네 며느리로 삼지 말 것은

4 그가 네 아들을 유혹하여 그가 여호와를 떠나고
다른 신들을 섬기게 하므로 여호와께서 너희에게 진노하사
갑자기 너희를 멸하실 것임이니라

5 오직 너희가 그들에게 행할 것은 이러하니 그들의
제단을 헐며 주상을 깨뜨리며 아세라 목상을 찍으며
조각한 우상들을 불사를 것이니라

6 너는 여호와 네 하나님의 성민(聖民)이라
네 하나님 여호와께서 지상 만민 중에서 너를
자기 기업의 백성으로 택하셨나니

7 여호와께서 너희를 기뻐하시고 너희를 택하심은 너희가

다른 민족보다 수효가 많기 때문이 아니니라 너희는
오히려 모든 민족 중에 가장 적으니라

8 여호와께서 다만 너희를 사랑하심으로 말미암아, 또는
너희의 조상들에게 하신 맹세를 지키려 하심으로 말미암아

자기의 권능의 손으로 너희를 인도하여 내시되 너희를
그 종 되었던 집에서 애굽 왕 바로의 손에서 속량하셨나니

9 그런즉 너는 알라 오직 네 하나님 여호와는
하나님이시요 신실하신 하나님이시라 그를 사랑하고

그의 계명을 지키는 자에게는 천 대까지
그의 언약을 이행하시며 인애를 베푸시되

10 그를 미워하는 자에게는 당장에 보응하여 멸하시나니
여호와는 자기를 미워하는 자에게 지체하지 아니하시고

당장에 그에게 보응하시느니라

11 그런즉 너는 오늘 내가 네게 명하는 명령과
규례와 법도를 지켜 행할지니라

법도를 듣고 지켜 행하면

12 너희가 이 모든 법도를 듣고 지켜 행하면
네 하나님 여호와께서 네 조상들에게 맹세하신 언약을
지켜 네게 인애를 베푸실 것이라

13 곧 너를 사랑하시고 복을 주사 너를 번성하게 하시되
네게 주리라고 네 조상들에게 맹세하신 땅에서 네 소생에게

은혜를 베푸시며 네 토지 소산과 곡식과 포도주와 기름을
풍성하게 하시고 네 소와 양을 번식하게 하시리니

14 네가 복을 받음이 만민보다 훨씬 더하여 너희 중의 남녀와

너희의 짐승의 암수에 생육하지 못함이 없을 것이며

¹⁵여호와께서 또 모든 질병을 네게서 멀리 하사
너희가 아는 애굽의 악질에 걸리지 않게 하시고
너를 미워하는 모든 자에게 걸리게 하실 것이라

¹⁶네 하나님 여호와께서 네게 넘겨주신 모든 민족을 네 눈이
긍휼히 여기지 말고 진멸하며 그들의 신을 섬기지 말라
그것이 네게 올무가 되리라

¹⁷네가 혹시 심중에 이르기를 이 민족들이 나보다 많으니
내가 어찌 그를 쫓아낼 수 있으리요 하리라마는

¹⁸그들을 두려워하지 말고 네 하나님 여호와께서
바로와 온 애굽에 행하신 것을 잘 기억하되

¹⁹네 하나님 여호와께서 너를 인도하여 내실 때에 네가 본

큰 시험과 이적과 기사와 강한 손과 편 팔을 기억하라
네 하나님 여호와께서 네가 두려워하는 모든 민족에게
그와 같이 행하실 것이요

20 네 하나님 여호와께서 또 왕벌을 그들 중에 보내어 그들의
남은 자와 너를 피하여 숨은 자를 멸하시리니

21 너는 그들을 두려워하지 말라 너희의 하나님 여호와
곧 크고 두려운 하나님이 너희 중에 계심이니라

22 네 하나님 여호와께서 이 민족들을 네 앞에서 조금씩
쫓아내시리니 너는 그들을 급히 멸하지 말라
들짐승이 번성하여 너를 해할까 하노라

23 네 하나님 여호와께서 그들을 네게 넘기시고 그들을
크게 혼란하게 하여 마침내 진멸하시고

²⁴그들의 왕들을 네 손에 넘기시리니 너는 그들의 이름을
천하에서 제하여 버리라 너를 당할 자가 없이
네가 마침내 그들을 진멸하리라

²⁵너는 그들이 조각한 신상들을 불사르고
그것에 입힌 은이나 금을 탐내지 말며 취하지 말라

네가 그것으로 말미암아 올무에 걸릴까 하노니
이는 네 하나님 여호와께서 가증히 여기시는 것임이니라

²⁶너는 가증(可憎)한 것을 네 집에 들이지 말라
너도 그것과 같이 진멸 당할까 하노라 너는 그것을
멀리하며 심히 미워하라 그것은 진멸 당할 것임이니라

이스라엘이 차지할 아름다운 땅

8
¹ 내가 오늘 명하는 모든 명령을 너희는 지켜 행하라

그리하면 너희가 살고 번성하고 여호와께서 너희의
조상들에게 맹세하신 땅에 들어가서 그것을 차지하리라

2 네 하나님 여호와께서 이 사십 년 동안에
네게 광야 길을 걷게 하신 것을 기억하라

이는 너를 낮추시며 너를 시험하사 네 마음이 어떠한지
그 명령을 지키는지 지키지 않는지 알려 하심이라

3 너를 낮추시며 너를 주리게 하시며 또 너도 알지 못하며
네 조상들도 알지 못하던 만나를 네게 먹이신 것은

사람이 떡으로만 사는 것이 아니요 여호와의 입에서 나오는
모든 말씀으로 사는 줄을 네가 알게 하려 하심이니라

4 이 사십 년 동안에 네 의복이 해어지지 아니하였고
네 발이 부르트지 아니하였느니라

⁵ 너는 사람이 그 아들을 징계함 같이 네 하나님 여호와께서
　너를 징계하시는 줄 마음에 생각하고

⁶ 네 하나님 여호와의 명령을 지켜
　그의 길을 따라가며 그를 경외할지니라

⁷ 네 하나님 여호와께서 너를 아름다운 땅에 이르게 하시나니
　그 곳은 골짜기든지 산지든지 시내와 분천과 샘이 흐르고

⁸ 밀과 보리의 소산지요 포도와 무화과와 석류와 감람나무와
　꿀의 소산지(所産地)라

⁹ 네가 먹을 것에 모자람이 없고 네게 아무 부족함이 없는
　땅이며 그 땅의 돌은 철이요 산에서는 동을 캘 것이라

¹⁰ 네가 먹어서 배부르고 네 하나님 여호와께서 옥토를
　네게 주셨음으로 말미암아 그를 찬송하리라

여호와를 잊지 말라

¹¹내가 오늘 네게 명하는 여호와의 명령과
법도와 규례를 지키지 아니하고 네 하나님 여호와를
잊어버리지 않도록 삼갈지어다

¹²네가 먹어서 배부르고 아름다운 집을 짓고 거주하게 되며

¹³또 네 소와 양이 번성하며 네 은금이 증식되며
네 소유가 다 풍부하게 될 때에

¹⁴네 마음이 교만하여 네 하나님 여호와를
잊어버릴까 염려하노라 여호와는 너를 애굽 땅
종 되었던 집에서 이끌어 내시고

¹⁵너를 인도하여 그 광대(廣大)하고 위험한 광야 곧 불뱀과
전갈이 있고 물이 없는 간조한 땅을 지나게 하셨으며
또 너를 위하여 단단한 반석에서 물을 내셨으며

¹⁶네 조상들도 알지 못하던 만나를 광야에서
네게 먹이셨나니 이는 다 너를 낮추시며 너를 시험하사
마침내 네게 복을 주려 하심이었느니라

¹⁷그러나 네가 마음에 이르기를 내 능력과 내 손의 힘으로
내가 이 재물을 얻었다 말할 것이라

¹⁸네 하나님 여호와를 기억하라 그가 네게 재물 얻을
능력(能力)을 주셨음이라 이같이 하심은 네 조상들에게
맹세하신 언약을 오늘과 같이 이루려 하심이니라

¹⁹네가 만일 네 하나님 여호와를 잊어버리고
다른 신들을 따라 그들을 섬기며 그들에게 절하면
내가 너희에게 증거하노니 너희가 반드시 멸망할 것이라

²⁰여호와께서 너희 앞에서 멸망시키신 민족들 같이 너희도

멸망하리니 이는 너희가 너희의 하나님 여호와의
소리를 청종하지 아니함이니라

백성의 불순종

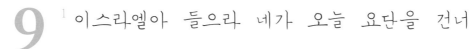

9 ¹ 이스라엘아 들으라 네가 오늘 요단을 건너

너보다 강대한 나라들로 들어가서 그것을 차지하리니
그 성읍들은 크고 성벽은 하늘에 닿았으며

² 크고 많은 백성은 네가 아는 아낙 자손이라
그에 대한 말을 네가 들었나니 이르기를
누가 아낙 자손을 능히 당하리요 하거니와

³ 오늘 너는 알라 네 하나님 여호와께서 맹렬한 불과 같이
네 앞에 나아가신즉 여호와께서 그들을 멸하사 네 앞에

엎드러지게 하시리니 여호와께서 네게 말씀하신 것 같이

너는 그들을 쫓아내며 속히 멸할 것이라

4 네 하나님 여호와께서 그들을 네 앞에서 쫓아내신 후에
네가 심중에 이르기를 내 공의로움으로 말미암아

여호와께서 나를 이 땅으로 인도하여 들여서 그것을

차지하게 하셨다 하지 말라 이 민족들이 악함으로 말미암아
여호와께서 그들을 네 앞에서 쫓아내심이니라

5 네가 가서 그 땅을 차지함은 네 공의로 말미암음도 아니며
네 마음이 정직함으로 말미암음도 아니요 이 민족들이

악함으로 말미암아 네 하나님 여호와께서 그들을 네 앞에서

쫓아내심이라 여호와께서 이같이 하심은 네 조상 아브라함과
이삭과 야곱에게 하신 맹세를 이루려 하심이니라

6 그러므로 네가 알 것은 네 하나님 여호와께서

네게 이 아름다운 땅을 기업으로 주신 것이 네 공의로
말미암음이 아니니라 너는 목이 곧은 백성이니라

7 너는 광야에서 네 하나님 여호와를 격노하게 하던 일을
잊지 말고 기억하라 네가 애굽 땅에서 나오던 날부터
이 곳에 이르기까지 늘 여호와를 거역하였으되

8 호렙 산에서 너희가 여호와를 격노하게 하였으므로
여호와께서 진노하사 너희를 멸하려 하셨느니라

9 그 때에 내가 돌판들 곧 여호와께서 너희와 세우신 언약의
돌판들을 받으려고 산에 올라가서 사십 주 사십 야를

산에 머물며 떡도 먹지 아니하고 물도 마시지 아니하였더니

10 여호와께서 두 돌판을 내게 주셨나니
그 돌판의 글은 하나님이 손으로 기록하신 것이요

너희의 총회 날에 여호와께서 산상 불 가운데서
너희에게 이르신 모든 말씀이니라

11 사십 주 사십 야를 지난 후에 여호와께서 내게 돌판
곧 언약(言約)의 두 돌판을 주시고

12 내게 이르시되 일어나 여기서 속히 내려가라
네가 애굽에서 인도하여 낸 네 백성이 스스로 부패하여

내가 그들에게 명령한 도를 속히 떠나
자기를 위하여 우상을 부어 만들었느니라

13 여호와께서 또 내게 말씀하여 이르시되 내가 이 백성을
보았노라 보라 이는 목이 곧은 백성이니라

14 나를 막지 말라 내가 그들을 멸하여
그들의 이름을 천하에서 없애고 너를 그들보다

강대한 나라가 되게 하리라 하시기로

¹⁵내가 돌이켜 산에서 내려오는데 산에는 불이 붙었고
언약의 두 돌판은 내 두 손에 있었느니라

¹⁶내가 본즉 너희가 너희의 하나님 여호와께 범죄하여
자기를 위하여 송아지를 부어 만들어서

여호와께서 명령하신 도를 빨리 떠났기로

¹⁷내가 그 두 돌판을 내 두 손으로 들어 던져
너희의 목전에서 깨뜨렸노라

¹⁸그리고 내가 전과 같이 사십 주 사십 야를 여호와 앞에
엎드려서 떡도 먹지 아니하고 물도 마시지 아니하였으니

이는 너희가 여호와의 목전에 악을 행하여
그를 격노하게 하여 크게 죄를 지었음이라

¹⁹여호와께서 심히 분노하사 너희를 멸하려 하셨으므로
내가 두려워하였노라 그러나 여호와께서
그 때에도 내 말을 들으셨고

²⁰여호와께서 또 아론에게 진노하사 그를 멸하려 하셨으므로
내가 그 때에도 아론을 위하여 기도하고

²¹너희의 죄 곧 너희가 만든 송아지를 가져다가
불살라 찧고 티끌 같이 가늘게 갈아 그 가루를
산에서 흘러내리는 시내에 뿌렸느니라

²²너희가 다베라와 맛사와 기브롯 핫다아와에서도
여호와를 격노하게 하였느니라

²³여호와께서 너희를 가데스 바네아에서 떠나게 하실 때에
이르시기를 너희는 올라가서 내가 너희에게 준 땅을

차지하라 하시되 너희가 너희의 하나님 여호와의 명령을
거역하여 믿지 아니하고 그 말씀을 듣지 아니하였나니

24 내가 너희를 알던 날부터 너희가 항상
여호와를 거역하여 왔느니라

25 그 때에 여호와께서 너희를 멸하겠다 하셨으므로
내가 여전히 사십 주 사십 야를 여호와 앞에 엎드리고

26 여호와께 간구하여 이르되 주 여호와여 주께서
큰 위업으로 속량하시고 강한 손으로 애굽에서 인도하여
내신 주의 백성 곧 주의 기업을 멸하지 마옵소서

27 주의 종 아브라함과 이삭과 야곱을 생각하사
이 백성의 완악함과 악과 죄를 보지 마옵소서

28 주께서 우리를 인도하여 내신 그 땅 백성이 말하기를

여호와께서 그들에게 허락하신 땅으로 그들을 인도하여
들일 만한 능력도 없고 그들을 미워하기도 하사

광야에서 죽이려고 인도하여 내셨다 할까 두려워하나이다

29 그들은 주의 큰 능력과 펴신 팔로 인도하여 내신
주의 백성 곧 주의 기업이로소이다 하였노라

모세가 십계명을 다시 받다

10

1 그 때에 여호와께서 내게 이르시기를 너는
처음과 같은 두 돌판을 다듬어 가지고 산에 올라
내게로 나아오고 또 나무궤 하나를 만들라

2 네가 깨뜨린 처음 판에 쓴 말을 내가 그 판에 쓰리니
너는 그것을 그 궤에 넣으라 하시기로

3 내가 조각목으로 궤를 만들고 처음 것과 같은 돌판

둘을 다듬어 손에 들고 산에 오르매

4 여호와께서 그 총회 날에 산 위 불 가운데에서
너희에게 이르신 십계명을 처음과 같이 그 판에 쓰시고
그것을 내게 주시기로

5 내가 돌이켜 산에서 내려와서 여호와께서 내게 명령하신
대로 그 판을 내가 만든 궤에 넣었더니 지금까지 있느니라

6 (이스라엘 자손이 브에롯 브네야아간에서 길을 떠나
모세라에 이르러 아론이 거기서 죽어 장사되었고 그의 아들
엘르아살이 그를 이어 제사장의 직임을 행하였으며

7 또 거기를 떠나 굿고다에 이르고 굿고다를 떠나
욧바다에 이른즉 그 땅에는 시내가 많았으며

8 그 때에 여호와께서 레위 지파를 구별하여 여호와의

언약 궤를 메게 하며 여호와 앞에 서서 그를 섬기며
또 여호와의 이름으로 축복하게 하셨으니
그 일은 오늘까지 이르느니라

9 그러므로 레위는 그의 형제 중에 분깃이 없으며
기업이 없고 네 하나님 여호와께서 그에게 말씀하심 같이
여호와가 그의 기업이시니라)

10 내가 처음과 같이 사십 주 사십 야를 산에 머물렀고
그 때에도 여호와께서 내 말을 들으사
너를 참아 멸하지 아니하시고

11 여호와께서 내게 이르시되 일어나서 백성보다 먼저 길을
떠나라 내가 그들에게 주리라고 그들의 조상들에게 맹세한
땅에 그들이 들어가서 그것을 차지하리라 하셨느니라

여호와께서 요구하시는 것

¹²이스라엘아 네 하나님 여호와께서 네게 요구하시는 것이
무엇이냐 곧 네 하나님 여호와를 경외하여

그의 모든 도를 행하고 그를 사랑하며 마음을 다하고
뜻을 다하여 네 하나님 여호와를 섬기고

¹³내가 오늘 네 행복을 위하여 네게 명하는 여호와의
명령과 규례를 지킬 것이 아니냐

¹⁴하늘과 모든 하늘의 하늘과 땅과 그 위의 만물은
본래 네 하나님 여호와께 속한 것이로되

¹⁵여호와께서 오직 네 조상들을 기뻐하시고 그들을
사랑하사 그들의 후손인 너희를 만민 중에서
택하셨음이 오늘과 같으니라

¹⁶그러므로 너희는 마음에 할례를 행하고

다시는 목을 곧게 하지 말라

¹⁷너희의 하나님 여호와는 신 가운데 신이시며
주 가운데 주시요 크고 능하시며 두려우신 하나님이시라

사람을 외모로 보지 아니하시며 뇌물을 받지 아니하시고

¹⁸고아와 과부를 위하여 정의를 행하시며
나그네를 사랑하여 그에게 떡과 옷을 주시나니

¹⁹너희는 나그네를 사랑하라 전에 너희도
애굽 땅에서 나그네 되었음이니라

²⁰네 하나님 여호와를 경외하여 그를 섬기며
그에게 의지하고 그의 이름으로 맹세하라

²¹그는 네 찬송이시요 네 하나님이시라 네 눈으로 본 이같이
크고 두려운 일을 너를 위하여 행하셨느니라

신명기
10:22-11:4

22 애굽에 내려간 네 조상들이 겨우 칠십 인이었으나 이제는
네 하나님 여호와께서 너를 하늘의 별 같이 많게 하셨느니라

여호와께서 행하신 큰 일

11 1 그런즉 네 하나님 여호와를 사랑하여 그가 주신
책무와 법도와 규례와 명령을 항상 지키라

2 너희의 자녀는 알지도 못하고 보지도 못하였으나 너희가
오늘날 기억할 것은 너희의 하나님 여호와의 교훈과
그의 위업과 그의 강한 손과 펴신 팔과

3 애굽에서 그 왕 바로와 그 전국에 행하신 이적과 기사와

4 또 여호와께서 애굽 군대와 그 말과 그 병거(兵車)에
행하신 일 곧 그들이 너희를 뒤쫓을 때에

홍해 물로 그들을 덮어 멸하사 오늘까지 이른 것과

5 또 너희가 이 곳에 이르기까지 광야에서
너희에게 행하신 일과

6 르우벤 자손 엘리압의 아들 다단과 아비람에게 하신 일
곧 땅이 입을 벌려서 그들과 그들의 가족과 그들의 장막과

그들을 따르는 온 이스라엘의 한가운데에서
모든 것을 삼키게 하신 일이라

7 너희가 여호와께서 행하신 이 모든 큰 일을
너희의 눈으로 보았느니라

주리라고 맹세하신 땅

8 그러므로 너희는 내가 오늘 너희에게 명하는 모든 명령을
지키라 그리하면 너희가 강성할 것이요 너희가 건너가
차지할 땅에 들어가서 그것을 차지할 것이며

⁹ 또 여호와께서 너희의 조상들에게 맹세하여
그들과 그들의 후손에게 주리라고 하신 땅 곧
젖과 꿀이 흐르는 땅에서 너희의 날이 장구하리라

¹⁰ 네가 들어가 차지하려 하는 땅은 네가 나온 애굽 땅과
같지 아니하니 거기에서는 너희가 파종(播種)한 후에

발로 물 대기를 채소밭에 댐과 같이 하였거니와

¹¹ 너희가 건너가서 차지할 땅은 산과 골짜기가 있어서
하늘에서 내리는 비를 흡수하는 땅이요

¹² 네 하나님 여호와께서 돌보아 주시는 땅이라 연초부터
연말까지 네 하나님 여호와의 눈이 항상 그 위에 있느니라

¹³ 내가 오늘 너희에게 명하는 내 명령을 너희가 만일
청종(聽從)하고 너희의 하나님 여호와를 사랑하여

마음을 다하고 뜻을 다하여 섬기면

¹⁴여호와께서 너희의 땅에 이른 비, 늦은 비를 적당한 때에
내리시리니 너희가 곡식과 포도주와 기름을 얻을 것이요

¹⁵또 가축을 위하여 들에 풀이 나게 하시리니
네가 먹고 배부를 것이라

¹⁶너희는 스스로 삼가라 두렵건대 마음에 미혹하여 돌이켜
다른 신들을 섬기며 그것에게 절하므로

¹⁷여호와께서 너희에게 진노하사 하늘을 닫아 비를 내리지
아니하여 땅이 소산을 내지 않게 하시므로 너희가

여호와께서 주신 아름다운 땅에서 속히 멸망할까 하노라

¹⁸이러므로 너희는 나의 이 말을 너희의 마음과 뜻에 두고
또 그것을 너희의 손목에 매어 기호를 삼고

너희 미간에 붙여 표를 삼으며

19또 그것을 너희의 자녀에게 가르치며 집에 앉아
있을 때에든지, 길을 갈 때에든지, 누워 있을 때에든지,
일어날 때에든지 이 말씀을 강론하고

20또 네 집 문설주와 바깥 문에 기록하라

21그리하면 여호와께서 너희 조상들에게 주리라고 맹세하신
땅에서 너희의 날과 너희의 자녀의 날이 많아서
하늘이 땅을 덮는 날과 같으리라

22너희가 만일 내가 너희에게 명하는 이 모든 명령을
잘 지켜 행하여 너희의 하나님 여호와를 사랑하고
그의 모든 도를 행하여 그에게 의지하면

23여호와께서 그 모든 나라 백성을 너희 앞에서 다 쫓아내실

것이라 너희가 너희보다 강대한 나라들을 차지할 것인즉

²⁴너희의 발바닥으로 밟는 곳은 다 너희의 소유가 되리니
너희의 경계는 곧 광야에서부터 레바논까지와
유브라데 강에서부터 서해까지라

²⁵너희의 하나님 여호와께서 너희에게 말씀하신 대로 너희가
밟는 모든 땅 사람들에게 너희를 두려워하고 무서워하게
하시리니 너희를 능히 당할 사람이 없으리라

²⁶내가 오늘 복과 저주를 너희 앞에 두나니

²⁷너희가 만일 내가 오늘 너희에게 명하는 너희의 하나님
여호와의 명령을 들으면 복이 될 것이요

²⁸너희가 만일 내가 오늘 너희에게 명령하는 도에서 돌이켜
떠나 너희의 하나님 여호와의 명령을 듣지 아니하고

본래 알지 못하던 다른 신들을 따르면 저주를 받으리라

29네 하나님 여호와께서 네가 가서 차지할 땅으로 너를
인도하여 들이실 때에 너는 그리심 산에서 축복을 선포하고
에발 산에서 저주를 선포하라

30이 두 산은 요단 강 저쪽 곧 해지는 쪽으로 가는 길 뒤
길갈 맞은편 모레 상수리나무 곁의 아라바에 거주하는
가나안 족속의 땅에 있지 아니하냐

31너희가 요단을 건너 너희의 하나님 여호와께서 너희에게
주시는 땅에 들어가서 그 땅을 차지하려 하나니
반드시 그것을 차지하여 거기 거주할지라

32내가 오늘 너희 앞에 베푸는 모든 규례와 법도(法度)를
너희는 지켜 행할지니라

택하신 예배 처소

12 ¹네 조상의 하나님 여호와께서 네게 주셔서 차지하게 하신 땅에서 너희가 평생에 지켜 행할 규례와 법도는 이러하니라

²너희가 쫓아낼 민족들이 그들의 신들을 섬기는 곳은 높은 산이든지 작은 산이든지 푸른 나무 아래든지를

막론(莫論)하고 그 모든 곳을 너희가 마땅히 파멸하며

³그 제단을 헐며 주상을 깨뜨리며 아세라 상을 불사르고 또 그 조각한 신상들을 찍어 그 이름을 그 곳에서 멸하라

⁴너희의 하나님 여호와께는 너희가 그처럼 행하지 말고

⁵오직 너희의 하나님 여호와께서 자기의 이름을 두시려고 너희 모든 지파 중에서 택하신 곳인 그 계실 곳으로 찾아 나아가서

6 너희의 번제와 너희의 제물과 너희의 십일조와 너희 손의
거제와 너희의 서원제와 낙헌 예물과 너희 소와 양의
처음 난 것들을 너희는 그리로 가져다가 드리고

7 거기 곧 너희의 하나님 여호와 앞에서 먹고 너희의
하나님 여호와께서 너희의 손으로 수고한 일에 복 주심으로
말미암아 너희와 너희의 가족이 즐거워할지니라

8 우리가 오늘 여기에서는 각기 소견대로 하였거니와
너희가 거기에서는 그렇게 하지 말지니라

9 너희가 너희 하나님 여호와께서 주시는 안식과
기업(基業)에 아직은 이르지 못하였거니와

10 너희가 요단을 건너 너희 하나님 여호와께서 너희에게
기업으로 주시는 땅에 거주하게 될 때 또는 여호와께서

너희에게 너희 주위의 모든 대적을 이기게 하시고
너희에게 안식을 주사 너희를 평안히 거주하게 하실 때에

11 너희는 너희의 하나님 여호와께서 자기 이름을 두시려고
택하실 그 곳으로 내가 명령하는 것을 모두 가지고 갈지니

곧 너희의 번제와 너희의 희생과 너희의 십일조와

너희 손의 거제와 너희가 여호와께 서원하는
모든 아름다운 서원물을 가져가고

12 너희와 너희의 자녀와 노비와 함께 너희의 하나님 여호와
앞에서 즐거워할 것이요 네 성중에 있는 레위인과도

그리할지니 레위인은 너희 중에 분깃이나 기업이 없음이니라

13 너는 삼가서 네게 보이는 아무 곳에서나 번제를 드리지 말고

14 오직 너희의 한 지파 중에 여호와께서 택하실 그 곳에서

번제를 드리고 또 내가 네게 명령하는 모든 것을
거기서 행할지니라

15 그러나 네 하나님 여호와께서 네게 주신 복을 따라
각 성에서 네 마음에 원하는 대로 가축을 잡아 그 고기를

먹을 수 있나니 곧 정한 자나 부정한 자를 막론하고
노루나 사슴을 먹는 것 같이 먹으려니와

16 오직 그 피는 먹지 말고 물 같이 땅에 쏟을 것이며

17 너는 곡식과 포도주와 기름의 십일조와 네 소와 양의
처음 난 것과 네 서원을 갚는 예물과 네 낙헌 예물과
네 손의 거제물은 네 각 성에서 먹지 말고

18 오직 네 하나님 여호와께서 택하실 곳에서 네 하나님
여호와 앞에서 너는 네 자녀와 노비(奴婢)와 성중에

거주하는 레위인과 함께 그것을 먹고 또 네 손으로 수고한
모든 일로 말미암아 네 하나님 여호와 앞에서 즐거워하되

19 너는 삼가 네 땅에 거주하는 동안에
레위인을 저버리지 말지니라

20 네 하나님 여호와께서 네게 허락하신 대로
네 지경(地境)을 넓히신 후에 네 마음에 고기를 먹고자
하여 이르기를 내가 고기를 먹으리라 하면

네가 언제나 마음에 원하는 만큼 고기를 먹을 수 있으리니

21 만일 네 하나님 여호와께서 자기 이름을 두시려고
택하신 곳이 네게서 멀거든 내가 네게 명령한 대로

너는 여호와께서 주신 소와 양을 잡아 네 각 성에서
네가 마음에 원하는 모든 것을 먹되

22 정(淨)한 자나 부정한 자를 막론하고 노루나 사슴을
먹는 것 같이 먹을 수 있거니와

23 다만 크게 삼가서 그 피는 먹지 말라 피는 그 생명인즉
네가 그 생명을 고기와 함께 먹지 못하리니

24 너는 그것을 먹지 말고 물 같이 땅에 쏟으라

25 너는 피를 먹지 말라 네가 이같이 여호와께서 의롭게
여기시는 일을 행하면 너와 네 후손이 복을 누리리라

26 오직 네 성물(聖物)과 서원물을 여호와께서
택하신 곳으로 가지고 가라

27 네가 번제를 드릴 때에는 그 고기와 피를 네 하나님
여호와의 제단에 드릴 것이요 네 제물의 피는 네 하나님
여호와의 제단 위에 붓고 그 고기는 먹을지니라

²⁸내가 네게 명령하는 이 모든 말을 너는 듣고 지키라
네 하나님 여호와의 목전(目前)에 선과 의를 행하면

너와 네 후손에게 영구히 복이 있으리라

다른 신들을 섬기지 말라

²⁹네 하나님 여호와께서 네가 들어가서 쫓아낼 그 민족들을
네 앞에서 멸절하시고 네가 그 땅을 차지하여
거기에 거주하게 하실 때에

³⁰너는 스스로 삼가 네 앞에서 멸망한 그들의 자취를 밟아
올무에 걸리지 말라 또 그들의 신을 탐구(探求)하여

이르기를 이 민족들은 그 신들을 어떻게 섬겼는고
나도 그와 같이 하겠다 하지 말라

³¹네 하나님 여호와께는 네가 그와 같이 행하지 못할 것이라

그들은 여호와께서 꺼리시며 가증히 여기시는 일을
그들의 신들에게 행하여 심지어 자기들의 자녀를 불살라
그들의 신들에게 드렸느니라

32내가 너희에게 명령하는 이 모든 말을 너희는 지켜
행하고 그것에 가감하지 말지니라

13 1너희 중에 선지자나 꿈 꾸는 자가 일어나서
이적과 기사를 네게 보이고

2그가 네게 말한 그 이적과 기사(奇事)가 이루어지고 너희가
알지 못하던 다른 신들을 우리가 따라 섬기자고 말할지라도

3너는 그 선지자나 꿈 꾸는 자의 말을 청종하지 말라
이는 너희의 하나님 여호와께서 너희가 마음을 다하고

뜻을 다하여 너희의 하나님 여호와를 사랑하는

여부(與否)를 알려 하사 너희를 시험하심이니라

4 너희는 너희의 하나님 여호와를 따르며 그를 경외하며
그의 명령을 지키며 그의 목소리를 청종하며
그를 섬기며 그를 의지하며

5 그런 선지자나 꿈 꾸는 자는 죽이라 이는 그가 너희에게
너희를 애굽 땅에서 인도하여 내시며 종 되었던 집에서

속량하신 너희의 하나님 여호와를 배반하게 하려 하며
너희의 하나님 여호와께서 네게 행하라

명령하신 도에서 너를 꾀어내려고 말하였음이라
너는 이같이 하여 너희 중에서 악을 제할지니라

6 네 어머니의 아들 곧 네 형제나 네 자녀나 네 품의 아내나
너와 생명을 함께 하는 친구가 가만히 너를 꾀어 이르기를

너와 네 조상들이 알지 못하던 다른 신들

7 곧 네 사방을 둘러싸고 있는 민족 혹 네게서 가깝든지
네게서 멀든지 땅 이 끝에서 저 끝까지에 있는
민족의 신들을 우리가 가서 섬기자 할지라도

8 너는 그를 따르지 말며 듣지 말며 긍휼히 여기지 말며
애석히 여기지 말며 덮어 숨기지 말고

9 너는 용서 없이 그를 죽이되 죽일 때에 네가 먼저
그에게 손을 대고 후에 뭇 백성이 손을 대라

10 그는 애굽 땅 종 되었던 집에서 너를 인도하여 내신
네 하나님 여호와에게서 너를 꾀어 떠나게 하려 한 자이니
너는 돌로 쳐죽이라

11 그리하면 온 이스라엘이 듣고 두려워하여 이같은 악을

다시는 너희 중에서 행하지 못하리라

¹²네 하나님 여호와께서 네게 주어 거주하게 하시는
한 성읍에 대하여 네게 소문이 들리기를

¹³너희 가운데서 어떤 불량배가 일어나서 그 성읍 주민을
유혹하여 이르기를 너희가 알지 못하던 다른 신들을
우리가 가서 섬기자 한다 하거든

¹⁴너는 자세히 묻고 살펴 보아서 이런 가증한 일이
너희 가운데에 있다는 것이 확실한 사실로 드러나면

¹⁵너는 마땅히 그 성읍 주민을 칼날로 죽이고
그 성읍과 그 가운데에 거주(居住)하는 모든 것과
그 가축을 칼날로 진멸하고

¹⁶또 그 속에서 빼앗아 차지한 물건을 다 거리에 모아 놓고

그 성읍과 그 탈취물 전부를 불살라
네 하나님 여호와께 드릴지니 그 성읍은 영구히
폐허가 되어 다시는 건축되지 아니할 것이라

¹⁷너는 이 진멸할 물건을 조금도 네 손에 대지 말라
그리하면 여호와께서 그의 진노를 그치시고 너를 긍휼히

여기시고 자비를 더하사 네 조상들에게 맹세하심 같이
너를 번성하게 하실 것이라

¹⁸네가 만일 네 하나님 여호와의 말씀을 듣고 오늘 내가
네게 명하는 그 모든 명령을 지켜 네 하나님 여호와의
목전에서 정직하게 행하면 이같이 되리라

금지된 애도법

14 ¹ 너희는 너희 하나님 여호와의 자녀이니

죽은 자를 위하여 자기 몸을 베지 말며 눈썹 사이
이마 위의 털을 밀지 말라

2 너는 네 하나님 여호와의 성민이라 여호와께서
지상 만민 중에서 너를 택하여
자기 기업(基業)의 백성으로 삼으셨느니라

정한 짐승과 부정한 짐승

3 너는 가증한 것은 무엇이든지 먹지 말라

4 너희가 먹을 만한 짐승은 이러하니 곧 소와 양과 염소와

5 사슴과 노루와 불그스름한 사슴과 산 염소와
볼기가 흰 노루와 뿔이 긴 사슴과 산양들이라

6 짐승 중에 굽이 갈라져 쪽발도 되고 새김질도 하는
모든 것은 너희가 먹을 것이니라

7 다만 새김질을 하거나 굽이 갈라진 짐승 중에도
너희가 먹지 못할 것은 이것이니 곧 낙타와 토끼와 사반,

그것들은 새김질은 하나 굽이 갈라지지 아니하였으니
너희에게 부정하고

8 돼지는 굽은 갈라졌으나 새김질을 못하므로 너희에게
부정하니 너희는 이런 것의 고기를 먹지 말 것이며
그 사체도 만지지 말 것이니라

9 물에 있는 모든 것 중에서 이런 것은 너희가 먹을 것이니
지느러미와 비늘 있는 모든 것은 너희가 먹을 것이요

10 지느러미와 비늘이 없는 모든 것은 너희가 먹지 말지니
이는 너희에게 부정함이니라

11 정(淨)한 새는 모두 너희가 먹으려니와

¹²이런 것은 먹지 못할지니 곧 독수리와 솔개와 물수리와

¹³매와 새매와 매의 종류와

¹⁴까마귀 종류와

¹⁵타조와 타흐마스와 갈매기와 새매 종류와

¹⁶올빼미와 부엉이와 흰 올빼미와

¹⁷당아와 올응과 노자와

¹⁸학과 황새 종류와 대승과 박쥐며

¹⁹또 날기도 하고 기어다니기도 하는 것은
너희에게 부정하니 너희는 먹지 말 것이나

²⁰정한 새는 모두 너희가 먹을지니라

²¹너희는 너희의 하나님 여호와의 성민이라 스스로 죽은
모든 것은 먹지 말 것이나 그것을 성중에 거류하는 객에게

주어 먹게 하거나 이방인에게 파는 것은 가하니라

너는 염소 새끼를 그 어미의 젖에 삶지 말지니라

십일조 규례

²²너는 마땅히 매 년 토지 소산의 십일조를 드릴 것이며

²³네 하나님 여호와 앞 곧 여호와께서 그의 이름을 두시려고 택하신 곳에서 네 곡식과 포도주와 기름의 십일조를 먹으며

또 네 소와 양의 처음 난 것을 먹고 네 하나님 여호와 경외하기를 항상 배울 것이니라

²⁴그러나 네 하나님 여호와께서 자기의 이름을 두시려고 택하신 곳이 네게서 너무 멀고 행로가 어려워서 네 하나님 여호와께서 그 풍부히 주신 것을 가지고 갈 수 없거든

²⁵그것을 돈으로 바꾸어 그 돈을 싸 가지고 네 하나님

여호와께서 택하신 곳으로 가서

²⁶네 마음에 원하는 모든 것을 그 돈으로 사되 소나 양이나
포도주나 독주 등 네 마음에 원하는 모든 것을 구하고

거기 네 하나님 여호와 앞에서 너와 네 권속이
함께 먹고 즐거워할 것이며

²⁷네 성읍에 거주하는 레위인은 너희 중에 분깃이나
기업이 없는 자이니 또한 저버리지 말지니라

²⁸매 삼 년 끝에 그 해 소산(所産)의 십분의 일을
다 내어 네 성읍에 저축하여

²⁹너희 중에 분깃이나 기업이 없는 레위인과 네 성중에
거류하는 객과 및 고아와 과부들이 와서 먹고
배부르게 하라 그리하면 네 하나님 여호와께서

네 손으로 하는 범사(凡事)에 네게 복을 주시리라

빛을 면제해 주는 해

15 ¹ 매 칠 년 끝에는 면제하라

² 면제의 규례는 이러하니라 그의 이웃에게 꾸어준
모든 채주는 그것을 면제하고 그의 이웃에게나 그 형제에게

독촉하지 말지니 이는 여호와를 위하여
면제를 선포하였음이라

³ 이방인에게는 네가 독촉하려니와 네 형제에게 꾸어준 것은
네 손에서 면제하라

⁴⁻⁵ 네가 만일 네 하나님 여호와의 말씀만 듣고 내가
오늘 네게 내리는 그 명령을 다 지켜 행하면 네 하나님

여호와께서 네게 기업으로 주신 땅에서 네가 반드시

복을 받으리니 너희 중에 가난한 자가 없으리라

6 네 하나님 여호와께서 네게 허락하신 대로
네게 복을 주시리니 네가 여러 나라에 꾸어 줄지라도

너는 꾸지 아니하겠고 네가 여러 나라를 통치할지라도
너는 통치를 당하지 아니하리라

7 네 하나님 여호와께서 네게 주신 땅 어느 성읍에서든지
가난한 형제가 너와 함께 거주하거든 그 가난한 형제에게

네 마음을 완악하게 하지 말며 네 손을 움켜 쥐지 말고

8 반드시 네 손을 그에게 펴서 그에게 필요한 대로
쓸 것을 넉넉히 꾸어주라

9 삼가 너는 마음에 악한 생각을 품지 말라 곧 이르기를
일곱째 해 면제년이 가까이 왔다 하고 네 궁핍한 형제를

악한 눈으로 바라보며 아무것도 주지 아니하면 그가 너를
여호와께 호소하리니 그것이 네게 죄가 되리라

¹⁰너는 반드시 그에게 줄 것이요, 줄 때에는 아끼는 마음을
품지 말 것이니라 이로 말미암아 네 하나님 여호와께서

네가 하는 모든 일과 네 손이 닿는 모든 일에
네게 복을 주시리라

¹¹땅에는 언제든지 가난한 자가 그치지 아니하겠으므로
내가 네게 명령하여 이르노니 너는 반드시 네 땅 안에

네 형제(兄弟) 중 곤란한 자와 궁핍한 자에게
네 손을 펼지니라

종을 대우하는 법

¹²네 동족 히브리 남자나 히브리 여자가 네게 팔렸다 하자

만일 여섯 해 동안 너를 섬겼거든 일곱째 해에
너는 그를 놓아 자유롭게 할 것이요

¹³그를 놓아 자유하게 할 때에는 빈 손으로 가게 하지 말고

¹⁴네 양 무리 중에서와 타작 마당에서와 포도주 틀에서
그에게 후히 줄지니 곧 네 하나님 여호와께서 네게
복을 주신 대로 그에게 줄지니라

¹⁵너는 애굽 땅에서 종 되었던 것과 네 하나님 여호와께서
너를 속량하셨음을 기억하라 그것으로 말미암아 내가
오늘 이같이 네게 명령하노라

¹⁶종이 만일 너와 네 집을 사랑하므로 너와 동거하기를 좋게
여겨 네게 향하여 내가 주인을 떠나지 아니하겠노라 하거든

¹⁷송곳을 가져다가 그의 귀를 문에 대고 뚫으라

그리하면 그가 영구히 네 종이 되리라
네 여종에게도 그같이 할지니라

¹⁸그가 여섯 해 동안에 품꾼의 삯의 배나 받을 만큼 너를
섬겼은즉 너는 그를 놓아 자유하게 하기를

어렵게 여기지 말라 그리하면 네 하나님 여호와께서
네 범사에 네게 복을 주시리라

처음 난 소와 양의 새끼

¹⁹네 소와 양의 처음 난 수컷은 구별하여 네 하나님
여호와께 드릴 것이니 네 소의 첫 새끼는 부리지 말고
네 양의 첫 새끼의 털은 깎지 말고

²⁰너와 네 가족은 매년 여호와께서 택하신 곳
네 하나님 여호와 앞에서 먹을지니라

²¹그러나 그 짐승이 흠이 있어서 절거나 눈이 멀었거나 무슨 흠이 있으면 네 하나님 여호와께 잡아 드리지 못할지니

²²네 성중에서 먹되 부정한 자나 정한 자가 다 같이 먹기를 노루와 사슴을 먹음 같이 할 것이요

²³오직 피는 먹지 말고 물 같이 땅에 쏟을지니라

유월절

16 ¹아빕월을 지켜 네 하나님 여호와께 유월절을 행하라 이는 아빕월에 네 하나님 여호와께서 밤에 너를 애굽에서 인도하여 내셨음이라

²여호와께서 자기의 이름을 두시려고 택하신 곳에서 소와 양으로 네 하나님 여호와께 유월절 제사를 드리되

³유교병을 그것과 함께 먹지 말고 이레 동안은 무교병 곧

고난의 떡을 그것과 함께 먹으라 이는 네가 애굽 땅에서
급히 나왔음이니 이같이 행하여 네 평생에 항상 네가
애굽 땅에서 나온 날을 기억할 것이니라

4 그 이레 동안에는 네 모든 지경 가운데에 누룩이 보이지
않게 할 것이요 또 네가 첫날 해 질 때에 제사 드린
고기를 밤을 지내 아침까지 두지 말 것이며

5 유월절 제사를 네 하나님 여호와께서 네게 주신
각 성에서 드리지 말고

6 오직 네 하나님 여호와께서 자기의 이름을 두시려고
택하신 곳에서 네가 애굽에서 나오던 시각 곧
초저녁 해 질 때에 유월절 제물을 드리고

7 네 하나님 여호와께서 택하신 곳에서 그 고기를 구워 먹고

아침에 네 장막으로 돌아갈 것이니라

⁸ 너는 엿새 동안은 무교병을 먹고 일곱째 날에
네 하나님 여호와 앞에 성회로 모이고 일하지 말지니라

칠칠절

⁹ 일곱 주를 셀지니 곡식에 낫을 대는
첫 날부터 일곱 주를 세어

¹⁰네 하나님 여호와 앞에 칠칠절을 지키되
네 하나님 여호와께서 네게 복을 주신 대로
네 힘을 헤아려 자원하는 예물을 드리고

¹¹너와 네 자녀와 노비와 네 성중에 있는 레위인과 및
너희 중에 있는 객과 고아와 과부가 함께
네 하나님 여호와께서 자기의 이름을 두시려고

택하신 곳에서 네 하나님 여호와 앞에서 즐거워할지니라

¹²너는 애굽에서 종 되었던 것을 기억하고
이 규례(規例)를 지켜 행할지니라

초막절

¹³너희 타작 마당과 포도주 틀의 소출을 거두어 들인 후에
이레 동안 초막절을 지킬 것이요

¹⁴절기를 지킬 때에는 너와 네 자녀와 노비와 네 성중에
거주하는 레위인과 객과 고아와 과부가 함께 즐거워하되

¹⁵네 하나님 여호와께서 택하신 곳에서 너는 이레 동안
네 하나님 여호와 앞에서 절기를 지키고 네 하나님

여호와께서 네 모든 소출과 네 손으로 행한 모든 일에
복 주실 것이니 너는 온전히 즐거워할지니라

¹⁶너의 가운데 모든 남자는 일 년에 세 번 곧 무교절과
칠칠절과 초막절에 네 하나님 여호와께서 택하신 곳에서

여호와를 뵈옵되 빈손으로 여호와를 뵈옵지 말고

¹⁷각 사람이 네 하나님 여호와께서 주신 복을 따라
그 힘대로 드릴지니라

공의로 재판하라

¹⁸네 하나님 여호와께서 네게 주시는 각 성에서
네 지파를 따라 재판장들과 지도자들을 둘 것이요
그들은 공의로 백성을 재판할 것이니라

¹⁹너는 재판을 굽게 하지 말며 사람을 외모로 보지 말며
또 뇌물을 받지 말라 뇌물은 지혜자의 눈을 어둡게 하고
의인의 말을 굽게 하느니라

²⁰너는 마땅히 공의만을 따르라 그리하면 네가 살겠고
네 하나님 여호와께서 네게 주시는 땅을 차지하리라

²¹네 하나님 여호와를 위하여 쌓은 제단 곁에
어떤 나무로든지 아세라 상을 세우지 말며

²²자기를 위하여 주상을 세우지 말라 네 하나님
여호와께서 미워하시느니라

17

¹흠이나 악질이 있는 소와 양은 아무것도
네 하나님 여호와께 드리지 말지니 이는 네 하나님
여호와께 가증한 것이 됨이니라

²네 하나님 여호와께서 네게 주시는 어느 성중에서든지
너희 가운데에 어떤 남자나 여자가 네 하나님 여호와의
목전에 악을 행하여 그 언약을 어기고

3 가서 다른 신들을 섬겨 그것에게 절하며 내가 명령하지
아니한 일월성신(日月星辰)에게 절한다 하자

4 그것이 네게 알려지므로 네가 듣거든 자세히 조사해
볼지니 만일 그 일과 말이 확실하여 이스라엘 중에

이런 가증한 일을 행함이 있으면

5 너는 그 악을 행한 남자나 여자를 네 성문으로 끌어내고
그 남자나 여자를 돌로 쳐죽이되

6 죽일 자를 두 사람이나 세 사람의 증언으로 죽일 것이요
한 사람의 증언으로는 죽이지 말 것이며

7 이런 자를 죽이기 위하여는 증인이 먼저 그에게 손을
댄 후에 뭇 백성이 손을 댈지니라 너는 이와 같이 하여
너희 중에서 악을 제할지니라

8 네 성중에서 서로 피를 흘렸거나 다투었거나 구타하였거나
서로 간에 고소하여 네가 판결(判決)하기 어려운 일이

생기거든 너는 일어나 네 하나님 여호와께서
택하실 곳으로 올라가서

9 레위 사람 제사장과 당시 재판장에게 나아가서 물으라
그리하면 그들이 어떻게 판결할지를 네게 가르치리니

10 여호와께서 택하신 곳에서 그들이 네게
보이는 판결의 뜻대로 네가 행하되 그들이 네게
가르치는 대로 삼가 행할 것이니

11 곧 그들이 네게 가르치는 율법의 뜻대로
그들이 네게 말하는 판결대로 행할 것이요

그들이 네게 보이는 판결을

어겨 좌로나 우로나 치우치지 말 것이니라

12 사람이 만일 무법하게 행하고 네 하나님 여호와 앞에 서서
섬기는 제사장이나 재판장에게 듣지 아니하거든

그 사람을 죽여 이스라엘 중에서 악을 제하여 버리라

13 그리하면 온 백성이 듣고 두려워하여 다시는
무법하게 행하지 아니하리라

이스라엘의 왕

14 네가 네 하나님 여호와께서 네게 주시는 땅에 이르러
그 땅을 차지하고 거주할 때에 만일 우리도

우리 주위의 모든 민족들 같이 우리 위에
왕을 세워야겠다는 생각이 나거든

15 반드시 네 하나님 여호와께서 택하신 자를 네 위에 왕으로

세울 것이며 네 위에 왕을 세우려면
네 형제 중에서 한 사람을 할 것이요 네 형제 아닌
타국인(他國人)을 네 위에 세우지 말 것이며

16그는 병마를 많이 두지 말 것이요 병마를 많이 얻으려고
그 백성을 애굽으로 돌아가게 하지 말 것이니 이는

여호와께서 너희에게 이르시기를 너희가 이 후에는
그 길로 다시 돌아가지 말 것이라 하셨음이며

17그에게 아내를 많이 두어 그의 마음이 미혹되게 하지
말 것이며 자기를 위하여 은금을 많이 쌓지 말 것이니라

18그가 왕위에 오르거든 이 율법서의 등사본을
레위 사람 제사장 앞에서 책에 기록하여

19평생에 자기 옆에 두고 읽어 그의 하나님 여호와

경외(敬畏)하기를 배우며 이 율법의 모든 말과
이 규례를 지켜 행할 것이라

20 그리하면 그의 마음이 그의 형제 위에 교만하지 아니하고
이 명령에서 떠나 좌로나 우로나 치우치지 아니하리니

이스라엘 중에서 그와 그의 자손이
왕위에 있는 날이 장구하리라

God bless you!

» Thinking space ...

개역개정·구약성경 쓰기

⑤ 신명기상

1판 1쇄 발행 2024년 5월 2일

펴낸곳 우슬북
엮은이 김영기, 양 선
디자인 최영주

출판등록 2019년 4월 1일(제568-2019-000006호)
주소 충남 당진시 송산면 유곡로 20
출판사 전화 010.5424.7706
이메일 hyssop2000@daum.net
총판 하늘유통(031.947.7777)

값 10,000원
ISBN 979-11-93751-11-4 04230
       979-11-93751-10-7(세트)